I0839267

Intelligenza Emotiva a Scuola

Juan Moisés de la Serna

www.juanmoisesdelaserna.es/it

Translated by Simona Ingiaimo

Copyright © 2018 Juan Moises de la Serna

Prefazione

Oggi, parlare d'intelligenza Emotiva, è come parlare di un argomento di attualità per lo sviluppo della persona, aspetto in piena espansione negli ultimi decenni e il cui ambito è stato utile non solo a livello personale ma anche a livello lavorativo.

Si stanno accumulando sempre più studi sui benefici di un corretto sviluppo dell'intelligenza Emotiva, raccomandandosi di formarsi al più presto possibile.

Quindi, per conoscere e sviluppare l'Intelligenza Emotiva, la scuola è l'ambiente appropriato, sia per i più giovani che per gli adolescenti.

INDICE

Dedicato ai miei genitori

Ringraziamenti

Colgo l'occasione per ringraziare tutti coloro che hanno dato il loro il loro contributo nella realizzazione di questo testo, in particolare il Governo delle Isole Canarie, il dottoressa Noelia Carbonell Bernal

Avviso legale

La riproduzione totale o parziale di questo libro non è consentita, o la sua incorporazione in un sistema informatico, o la sua trasmissione in qualsiasi forma o con qualsiasi mezzo, sia in forma elettronica, che meccanica, con fotocopie, per registrazione o altri mezzi, senza previa autorizzazione e per iscritto dall'editore. La violazione dei suddetti diritti può costituire un reato contro la proprietà intellettuale (articolo 270 e seguenti del Codice Penale).

Rivolgersi al C.E.D.R.O. (Centro Spagnolo per i Diritti di Riprografia) se è necessario fotocopiare o scansionare qualsiasi frammento di questo lavoro. È possibile contattare C.E.D.R.O. attraverso il web www.conlicencia.com o telefonicamente al 91 702 19 70/93 272 04 47.

"CYBERPSICOLOGIA: Il rapporto tra la Mente e Internet"
Written By Juan Moises de la Serna
Copyright © 2018 Juan Moises de la Serna
Teaktime Editorial
All rights reserved
Translated by Simona Ingiaimo

Capitolo 1. L'Intelligenza Emotiva

Si può affermare che si vive in un mondo di emozioni, così come si può affermare che si vive in un mondo sociale. Questo fa sì che quelle persone più abili in termini di prestazioni emotive, siano anche quelle di maggior successo. Ad esempio, un commerciante di un qualsiasi prodotto o servizio, principalmente vende emozioni, e l'altra persona acquista o acquisisce ciò che vende.

I mezzi di comunicazione, la televisione, la radio, o qualsiasi altro canale, cercano di stimolare e quindi di vendere di più i loro prodotti o servizi; ma non tutte le persone hanno lo stesso livello di abilità emotiva. Ci sono alcuni che, per un qualche motivo, non riescono a sviluppare questa capacità in modo sufficiente, quindi, da qualche anno, è stata creata una nuova area di ricerca e di lavoro in psicologia, chiamata Intelligenza Emotiva, a cura di Daniel Goleman, con il suo lavoro con lo stesso titolo.

L'intelligenza è stata definita tradizionalmente come la capacità di risolvere in modo soddisfacente una serie di questionari "standardizzati" per la popolazione "target" determinata dalla genetica.

Ciò significa che il questionario o il test è stato convalidato con campioni più piccoli prima di essere somministrato alla popolazione generale, e che ha validità interna ed esterna, cioè, misura ciò che si vuole misurare, ed è appositamente progettato per un dato collettivo e per una fascia d'età.

Sebbene nel XIX secolo sia emerso l'uso di questionari d'intelligenza, molti hanno considerato questi test come "ingiusti", volendo valutare l'intera popolazione "con lo stesso criterio".

All'inizio del secolo scorso, si è creata una polemica nel corso degli studi condotti dalle forze armate che hanno esaminato la relazione tra l'intelligenza e la razza, cioè, analizzavano i risultati ottenuti dalla popolazione americana a seconda che il partecipante fosse bianco o nero, e tra i "nativi" americani e immigranti, concludendo che i bianchi di origine anglosassone avevano risultati migliori di altri gruppi razziali e gli immigrati, concludendo che i bianchi di origini anglosassone avessero migliori risultati rispetto ad altri gruppi razziali e rispetto agli immigranti la cui lingua madre non era l'inglese. Tutto ciò ha motivato la modifica delle politiche educative volte a "compensare" queste differenze.

Studi successivi hanno rivelato questi risultati a causa dei "fallimenti" nei test utilizzati che non tenevano conto della caratteristica del "gergo" della popolazione target che si voleva analizzare, essendo necessario adeguare questo test in base a chi era indirizzato.

Nonostante ciò, il QI (Quoziente Intellettivo) è ancora una valida misura della capacità di risolvere una serie di test progettati e preparati dagli psicologi, che seguono rigorosi standard di controllo stabiliti dalla psicometria (scienza della misurazione) in modo che i loro risultati siano validi e affidabili per la popolazione a cui vengono applicati.

Grazie a questo, si può predire il livello di successo accademico, e con esso il futuro professionale degli studenti, ben prima che possano essere consapevoli delle loro capacità e possibilità. Viene utilizzato anche nel campo della selezione del personale, al fine di trovare il candidato ideale per la posizione, che non deve essere il più qualificato o il più esperto.

Nel corso degli anni la psicometria è stata perfezionata e migliorata in modo che la sua affidabilità sia piuttosto elevata, per questo le aziende decidono "il loro futuro" sulla base dei risultati delle valutazioni effettuate dai servizi delle risorse umane.

La valutazione dell'intelligenza è una questione controversa, sia per la sua definizione, sia per ciò che implica socialmente. Per quanto riguarda la definizione, sono molti quelli che ancora paragonano l'intelligenza ad un unico costrutto, vale a dire, se si è intelligente o meno, e se sì, si può essere "nella media", sotto la media, o al di sopra della media. Se si è in quest'ultimo caso, si può essere più intelligente del resto, un talento o un genio, in diversi gradi. Sarebbe così se si seguisse il classico modello di intelligenza, ora in disuso.

Anche se negli ultimi decenni, il concetto d'intelligenza è stata messa in discussione, si è compreso che non è una cosa unitaria, ma che esistono intelligenze multiple, l'intelligenza spaziale, l'intelligenza verbale, l'intelligenza matematica, l'intelligenza musicale, etc.

Una persona che ha capacità elevate sviluppate per la musica, sarà un grande "Chopin" o "Mozart" dei giorni nostri, ma, per esempio, potrebbe non risaltare mai quando si fanno integrali, derivati o trigonometria.

Un'altra cosa diversa è il "genio", in grado di emergere in molte di queste aree d'intelligenza, anche se al momento non esiste ancora un consenso scientifico quando si tratta di stabilire chiaramente questa distinzione.

Un altro aspetto sono le implicazioni sociali dei talenti, temuti da alcuni e desiderati da altri. Alcuni paesi hanno speso anni investendo molti sforzi nello screening della popolazione, cioè nei questionari d'intelligenza amministrati in tutte le scuole per rilevare questi "potenziali geni".

Allo stesso modo, le università, specialmente quelle elencate nella classifica mondiale, sono molto consapevoli di quegli studenti che si distinguono nelle scuole superiori per offrire loro tutti i tipi di strutture per studiare nel loro centro, sapendo che molti di loro, in un futuro, finiranno con l'essere professori, ricercatori del loro staff.

Nonostante quanto sopra, nella maggior parte dei casi, il problema principale dei genitori e degli insegnanti è che il bambino è in grado di sfruttare la propria fase educativa, oltrepassando i corsi.

Quando l'attività principale di bambini e adolescenti va in classe, i risultati accademici sembrano essere il miglior indicatore dei loro progressi.

Qualsiasi genitore si preoccuperebbe delle prestazioni scolastiche basse, cercando soluzioni a questo riguardo, sia con un insegnante privato che limitando le ore di gioco.

Allo stesso modo, quando un giovane viene bocciato in un corso, e quindi devono ripeterlo, i genitori di solito lo sperimentano come un fallimento personale, perché sanno che a lungo andare possono avere effetti sul futuro del bambino.

Una situazione che a volte invece di diventare una "seconda possibilità" diventa un problema per il bambino, poiché si vede etichettato come il "ripetente", dovendo vivere con studenti più giovani, mentre vede come i loro coetanei continuano a progredire nei loro studi.

Ci sono molti fattori che faranno sì che il giovane modifichi il suo atteggiamento e le sue prestazioni, per correggere ciò che porta al fallimento accademico, ma si può prevedere una buona performance scolastica?

Questo è esattamente ciò che hanno provato a rispondere con una ricerca la Facoltà di Psicologia dell'Università di Padjadjaran (Indonesia) insieme all'Università di Busoga (Uganda), i cui risultati sono stati pubblicati sulla rivista scientifica The Open Psychology Journal.

Allo studio hanno partecipato cento studenti. Tutti hanno completato due questionari standardizzati, l'Academic Self-efficacy Questionaire e il Regulated Learning Questionaire, per valutare rispettivamente l'autoefficacia e l'autoregolamentazione.

Autoefficacia è definita come la convinzione delle proprie capacità, mentre l'autoregolamentazione aiuta la persona a pianificare e raggiungere i propri obiettivi. Inoltre, sono stati raccolti i voti accademici dell'ultimo semestre studiato.

I risultati indicano significative differenze positive in termini di qualifiche accademiche, sia in termini di autoefficacia che di autoregolazione, cioè, maggiore autoefficacia, risultati migliori, e allo stesso modo, minore autoregolamentazione, peggiori risultati accademici. Esiste una correlazione positiva tra autoefficacia e autoregolazione.

I risultati non danno informazioni sull'interazione tra

le due variabili e il rendimento scolastico.

Pertanto, ci si aspetterebbe che quegli studenti che avevano livelli più alti di autostima e autoregolamentazione siano capaci di raggiungere le migliori prestazioni accademiche, un aspetto non commentato dagli autori dello studio.

Nonostante la chiarezza dei risultati, dobbiamo tenere presente che non sono state valutate altre variabili che potrebbero influire sul rendimento scolastico.

Anche con le limitazioni di cui sopra, i dati offrono un importante progresso in termini d'intervento nel fallimento scolastico.

Quindi, è possibile provare a migliorare i risultati intervenendo, non solo nelle ore dedicate allo studio, ma anche nello sviluppo delle capacità di autoefficacia e autoregolazione dello studente.

Nel primo caso, insegnando al bambino le sue reali possibilità e l'importanza di avere un comportamento secondo il loro modo di pensare, in favore di un futuro migliore.

Nel secondo caso, rieducando le sue abitudini comportamentali, insegnandogli a pianificare, dare la priorità e adempiere ai piani stabiliti.

Ci si aspetterebbe che con uno di questi due semplici interventi le qualifiche degli studenti siano migliorate, aspetto che resta da verificare nelle indagini future.

Capitolo 2. L'Intelligenza Emotiva e le prestazioni accademiche

Come accennato, l'importanza della valutazione dell'Intelligenza come QI, in grado di prevedere il rendimento scolastico fin dall'infanzia e, in seguito, del lavoro, permette di "selezionare" coloro i quali saranno più "produttivi" nella società rispetto a quelli che non lo saranno.

Qualcosa che è stata respinta da gran parte delle comunità, che "condannano" le persone meno dotate, a quelli a cui sono etichettati come disabili, solo perché non hanno un rendimento come tutti gli altri.

In una società in cui il successo è valutato in base a ciò che ognuno è in grado di assicurare e di raggiungere, a volte, per alcuni può sembrare che le persone con ritardo mentale, "non si adittano", quando in realtà, contribuiscono a parte della diversità umana, così come le persone bionde o more, le persone alte o basse...

Sarebbe come respingere le persone perché sono more, o basse, o in carne..., cioè, perché non soddisfano le aspettative "idealizzate" di ciò che dovrebbe essere una persona produttiva.

Si sta ancora lottando per cercare di superare questo aspetto, perché oggi alcuni hanno ancora dei pregiudizi quando assumono una persona con ritardo mentale, per lavori troppo qualificati per essere eseguiti.

Negli ultimi anni si sta cercando di concentrarsi su altri approcci per l'intelligenza, non ci si è focalizzati solo sul QI, e si è prestata particolare attenzione al concetto d'Intelligenza Emotiva, che si riferisce alla capacità di relazionarsi, grazie al mondo Emotivo che ci circonda. Inizialmente, quest'intelligenza sembra essere determinata dalle nostre prime esperienze, e dipende in gran parte dalla relazione madre-bambino e dallo stile educativo della famiglia.

Successivamente, l'esperienza, il contatto con gli altri, la prova e l'errore ci faranno rispondere in un modo o nell'altro alle proprie emozioni e a quelle degli altri.

Una capacità che, al contrario di quello che si potrebbe credere, si può allenare e migliorare nel proprio sviluppo, rendendo le persone che in precedenza, di fronte ad una situazione, non sapevano mostrare le proprie emozioni in modo appropriato, dopo l'allenamento, sono in grado di affrontare qualsiasi situazione sapendo comportarsi emotivamente secondo la stessa.

Qualcosa che avrà un impatto diretto sui rapporti sociali, basato sulle emozioni, sulla simpatia, sulla compagnia e persino sull'intimità.

Con ogni persona con cui ci incontriamo e parliamo, si risvegliano emozioni diverse, la cui gestione può dipendere dalla chiusura di un'attività o dall'inizio di una relazione.

Anche se nella maggior parte dei casi questi contatti sporadici non avranno grandi conseguenze, il corretto sviluppo dell'Intelligenza Emotiva permetterà loro di essere soddisfacente, evitando di viverle come situazioni stressanti o difficili.

L'Intelligenza Emotiva si riferisce alla capacità della persona di ascoltare il proprio corpo, cioè, le sue emozioni e di relazionarsi correttamente con l'ambiente, inoltre, si riferisce alla capacità di osservare e comprendere le emozioni degli altri e di interpretare e rispondere ad esso anche in modo appropriato.

Per quanto riguarda l'"origine" delle intelligenze, dopo molte discussioni tra coloro che hanno sostenuto un'origine ambientale contro quelli che hanno sostenuto un'origine genetica, attualmente si considera che l'80% dell'intelligenza è di base genetica e che il suo sviluppo e il potenziale è soggetto agli sforzi e alla dedizione del restante 20%. In uno studio congiunto dell'Università di Amsterdam, della Libera Università di Amsterdam e dell'Università di Tilburg (Paesi Bassi), i cui risultati sono stati pubblicati sulla rivista Psychological Science, è stata eseguita l'analisi della bibliografia di ventitré studi precedenti riguardanti quest'argomento.

I risultati di questo studio sono in contraddizione con

le attuali teorie dominanti sull'intelligenza, indicando che la genetica ha un valore superiore a causa di un effetto omogeneo della cultura in cui viviamo, che migliorerà alcuni sviluppi che si manterranno nel tempo in un luogo determinato.

Ciò significa che la genetica sembra giocare un ruolo più grande di quanto dovrebbe, perché le persone tendono a svilupparsi in un ambiente che non cambia nel tempo.

Tornando all'Intelligenza Emotiva, e sulla base di quanto detto in precedenza, si può dire di essere nati con più o meno abilità o capacità, ma si può imparare e migliorare con l'esperienza sociale, indipendentemente dal livello di partenza. Così le persone con una grande Intelligenza Emotiva sono in grado di capire e comprendere gli altri quasi senza bisogno di parole, denominata anche come maggiore empatia. All'altro estremo, ci sarebbero quelle persone con poca o scarsa intelligenza Emotiva, lontane dalla capacità di ascoltare le proprie emozioni e interpretare correttamente quella degli altri.

L'applicazione pratica più conosciuta del campo dell'intelligenza Emotiva è stata attraverso tecniche di coaching. Inizialmente orientate per aiutare le persone a trovare i loro valori e le loro motivazioni per raggiungere i loro obiettivi, attualmente applicati in molte aree del mondo del lavoro, sia nel mondo degli affari, dello sport, della scuola, incluso il mondo della salute.

<<Il coaching favorisce il cambiamento e, per mantenere la salute e migliorarla, si richiede un cambiamento nell'atteggiamento e nel comportamento dei pazienti e delle persone. La salute ci riguarda tutti direttamente o indirettamente (malattie familiari...) in un momento o un altro nella nostra vita.

Secondo la definizione dell'O.M.S. (Organizzazione Mondiale della Salute), la salute non è l'assenza delle malattie, ma uno stato di benessere fisico, psichico e mentale. Se prendiamo in considerazione questo concetto generale, potremmo avere un'area nella nostra vita che vogliamo migliorare. È bene riflettere su questo, anche se pensiamo di essere sani.

Mentre il coaching utilizza domande, colgo l'occasione per sollevare alcuni lettori che hanno a che fare con gli aspetti psico-sociali: Ho amici?, Ho tempo d'interagire con loro?, Dedico un po' di tempo ogni settimana al tempo libero?, E per prendermi cura?

Per migliorare queste aree si deve investire sulla salute, oltre a seguire un certo trattamento, nel caso in cui si abbia una malattia.

La dottoressa Jaci Molins Roca, Direttrice del programma post-laurea di coaching personale e organizzativo all'Università di Rovir i Vigili.>>

L'Intelligenza Emotiva richiede i processi cognitivi di base e superiori attraverso i quali il mondo esterno e interno viene raccolto e interpretato, oltre a modulare l'espressione Emotiva che vengono comunicate. Da qui l'importanza di dettagliare ciascuno di essi, per sapere fino a che punto influiscono e come migliorano con la pratica e lo sviluppo dell'Intelligenza Emotiva.

Affinché si produca lo sviluppo normale e lo svolgimento dell'Intelligenza Emotiva, è necessario basarsi su processi cognitivi, che inizialmente permettono di trattare le informazioni sensoriali, sia esterni, che interni, percepirle e analizzarle, per dare una risposta adeguata. Questo processo si complica quando vengono incorporati altri processi, come la memoria, l'attenzione, l'emozione o l'apprendimento. Ci sono stati diversi modelli teorici, che cercano di tenere conto delle prestazioni di elaborazione:

- automatico vs. controllato, che rappresenta l'analisi intenzionale e non d'informazioni, essendo processi automatici, relazionati alla sopravvivenza dell'individuo e richiedono una risposta rapida, come rimuovere la mano da una superficie calda, prima di essere "cosciente" di esso.

Il percorso dell'elaborazione Emotiva sarebbe un esempio di elaborazione automatica, in cui non c'è consapevolezza, se non "dopo" aver analizzato in modo approssimativo gli stimoli e determinato se sono pericolosi o meno. Allo stesso modo, nelle risposte riflesse, non partecipano nemmeno le aree frontali, responsabili della pianificazione e della capacità decisionale e quindi la sede del "dirigente centrale".

- seriale vs. parallelo, che indicherebbe se una singola dimensione di informazioni viene elaborata o più contemporaneamente, sapendo che l'elaborazione seriale richiede maggiori risorse di attenzione.

L'elaborazione Emotiva sarebbe anche un esempio di elaborazione parallela di informazioni sensoriali, che è distribuita in parallelo in questo modo e il modo cosciente che è più lento e più dettagliato nella sua analisi.

- dal basso verso l'alto vs. dall'alto verso il basso, a seconda che l'elaborazione sia guidata dall'informazione sensoriale (guidata dai dati) o che provenga dalle aspettative e dalle interpretazioni precedenti (guidate concettualmente).

Un esempio di elaborazione guidata dai dati dal basso verso l'alto, sarebbe nella lettura, in cui i personaggi che compongono una parola, vengono identificati indipendentemente dal fatto di essere presentati su un foglio, su un Tablet, con un "carattere tipografico" o un altro.

La "traduzione" di quei personaggi in una carta, che formerà lettere, che a loro volta formeranno parole, frasi, messaggi e alla fine idee da trasmettere, sarà un esempio di elaborazione dall'alto verso il baso, poiché richiede un elaborazione superiore per dare "significato" a detti stimoli.

- globale vs. locale, che indica il tipo di elaborazione più o meno focalizzata sulle parti o sul tutto.

Sebbene questi tipi di elaborazione siano stati presentati in modo dicotomico, di solito funzionano simultaneamente, arricchendo così la gestione delle informazioni.

La sensazione è considerata come il passo precedente e necessario per molti processi cognitivi, attraverso i recettori sensoriali distribuiti dall'organismo che possono essere suddivisi in:

Esterorecettori, che corrispondono ai sensi.

Propriorecettori, che danno informazioni sulla muscolatura e sull'equilibrio.

Interorecettori, che danno un resoconto diffuso delle ghiandole e delle viscere.

Recettori cutanei, che consentono di percepire le sensazioni di freddo, calore, pressione, contatto e dolore.

La sensazione è il primo passo ed è fondamentale per qualsiasi processo cognitivo, senza il quale gli altri non si svilupperebbero, compresa l'Intelligenza Emotiva.

Secondo la loro funzione possono essere suddivisi in:

Fotorecettori, situati negli occhi.

Meccanocettori, situati nell'orecchio e sulla pelle.

Termocettori, sulla pelle.

Chemorecettori, nel naso e nella lingua.

Le informazioni sono raccolte dai neuroni del sistema nervoso periferico, che li rinviano al sistema nervoso centrale, attraverso il midollo spinale, le quali, se passano il filtro dell'attenzione, vengono integrate, elaborate e convertite in informazioni consapevoli.

In alcune disabilità si può osservare una mancanza di sensi, dove si perdono le informazioni dei sensi, parzialmente o totalmente, che di solito compensano con lo sviluppo maggiore di altri sensi.

Sebbene siano processi automatici e non siano mediati dal livello dello sviluppo dell'intelligenza, è stato osservato che alcuni individui superdotati sono più sensibili degli altri, un aspetto che è stato chiamato iperestesia, ciò che si spiegherebbe, attraverso un miglioramento nell'interconnessione della rete neurale, nonché il processo di mielinizzazione, che consente una trasmissione più rapida ed efficiente delle informazioni, rendendo il sistema più sensibile ai cambiamenti ambientali o interni.

Senza attenzione non si verificano molti processi cognitivi e nemmeno l'Intelligenza Emotiva, poiché è un processo precedente, per il quale è richiesta una certa "volontà" o almeno intenzione, per essere nel "qui e ora", senza il quale non può produrre l'apprendimento e quindi non può sviluppare l'Intelligenza Emotiva.

La relazione è anche inversa, nel senso che lo sviluppo dell'Intelligenza Emotiva, guiderà l'attenzione verso gli aspetti "essenziali" della comunicazione, come, per esempio, il linguaggio del corpo dell'interlocutore, con cui interpretare le emozioni dell'altro, adattandosi ad esso.

L'attenzione, permette di selezionare e di focalizzarsi sulle informazioni rilevanti e non su quelle irrilevanti, concentrando le risorse sull'elaborazione di eventi significativi, processo che può essere diviso nella capacità di partecipare, di concentrarsi e di mantenere la vigilanza.

Per quanto riguarda le strade dell'attenzione e seguendo i contributi di Posner, dobbiamo distinguere tra:

- attenzione come stato generale di allerta dell'organismo, in cui sarebbe coinvolto il locus coeruleus, dove partecipano anche le aree frontali e parietali dell'emisfero destro.

- il sistema attenzionale posteriore, dove si orienta l'attenzione e la consapevolezza di informazioni sensoriali, che coinvolgono i lobi parietali posteriori e il talamo, insieme con il collicolo superiore del mesencefalo.

- il sistema attenzionale anteriore, coinvolto in attività cognitive complesse, utilizza sia informazioni sensoriali, che la memoria, dove sono coinvolti i lobi mediali frontali della corteccia, la corteccia cingolare anteriore, l'area motoria supplementare e i gangli basali.

La maturazione e l'aumento della mielinizzazione nei lobi frontali, l'essere superdotati in età prematura, facilita una migliore attivazione del sistema e l'inibizione dell'attenzione selettiva. Questo permette di avere una maggiore concentrazione e la concentrazione sui compiti, e al momento di selezionare gli stimoli per una migliore inibizione degli stimoli irrilevanti, un processo ottimizzato facilita il risparmio di risorse da parte del sistema, migliorando così la capacità di elaborazione delle informazioni, evitando una sovra-stimolazione, e il collasso del sistema, come accade per i pazienti con schizofrenia.

Si evidenzia, la contrarietà che significa che alcune persone con alti livelli d'intelligenza, in età scolare, possono soffrire di disattenzione in classe, che non è tanto a causa di una mancanza di capacità o di una mancanza di maturazione del sistema neuronale, ma una demotivazione che conduce alla noia, quando devono frequentare le lezioni, che già sanno o che hanno imparato la prima volta che l'insegnante le ha spiegate, e trovano noioso ascoltarle più e più volte, quando si spiegano al resto della classe.

Uno scarso sviluppo dell'Intelligenza Emotiva si tradurrebbe in una persona "persa" in dettagli inutili o nel non riconoscere "i segnali" che l'oratore sta esprimendo, perdendosi quindi una parte del contenuto Emotivo della conversazione. La formazione nello sviluppo dell'Intelligenza Emotiva comprende l'attenzione sugli aspetti gestuali e sulla tonalità di voce, che deducono e interpretano le emozioni degli altri, al fine di adeguarsi allo stesso comportamento.

Percepire è un processo complesso che influenza la sensibilità, la memoria, ma anche le aspettative precedenti, ed è quest'ultimo punto in cui entra a dar valore all'Intelligenza Emotiva.

Le nostre convinzioni e le aspettative, sono modulate dalla nostra Intelligenza Emotiva, in modo che al suo maggiore sviluppo, avremo una maggiore flessibilità e tolleranza verso i sentimenti e i comportamenti degli altri.

Ciò è dovuto alla caratteristica dell'Intelligenza Emotiva di mettere se stessi al posto di un altro, e di assumere, o almeno di rispettare, il loro punto di vista, qualcosa che sicuramente segnerà la percezione di ognuno.

La percezione, prende le informazioni dai sensi (vista, udito, olfatto, gusto e tatto) e si prepara a presentare osservazioni dotate di significato, utili a comprendere e a rispondere alla realtà. Dobbiamo tenere a mente che, la percezione non restituisce una copia della realtà, ma piuttosto una sua rappresentazione soggettiva. Per fare ciò, vengono usati diversi principi, come la relazione figura-sfondo, il raggruppamento o la costanza.

Ci sono diverse aree neuronali specializzate, a seconda delle informazioni da ricevere, così le informazioni visive, vengono analizzate nella corteccia visiva, che si trova nel lobo occipitale. Le informazioni uditive nella corteccia uditiva, insieme alle informazioni olfattive nel bulbo olfattivo, vengono analizzate nel lobo temporale. In modi diversi, le informazioni relative al gusto e al tatto, vengono analizzati nella corteccia somatosensoriale nel lobo parietale.

La percezione è una componente fondamentale per lo sviluppo della persona nel mondo, capire l'ambiente in cui opera e anche il ruolo di se stessi. Essa permette anche la "prevedibilità" del suo mondo, per capire quali sono le regole da cui è governata, aspetto che è stato evidenziato da errori di percezione, come per esempio, l'attenzione selettiva (serve solo a far fronte agli stimoli che interessano all'utente), gli stereotipi (semplificazione eccessiva in funzione alla categoria), l'effetto alone (valutare una persona o una situazione da una delle sue caratteristiche) o le proiezioni (attribuire dall'esterno ciò che si pensa o si sente).

Un'Intelligenza Emotiva poco sviluppata, renderebbe la persona incapace di capire e di pensare che gli altri hanno le proprie opinioni, sentimenti ed emozioni, e quindi cercare d'"imporre" i propri criteri. Lo sviluppo dell'Intelligenza Emotiva, comprende la formazione nella capacità di "entrare nei panni dell'altro", per capire bene come ci si sente, quali sono le loro preoccupazioni e desideri, ognuno dei quali deve modulare il proprio comportamento, adattandolo bene ad ogni dell'interlocutore.

Senza memoria, non potrebbe svilupparsi l'Intelligenza Emotiva, poiché questo è un processo che viene appreso attraverso la pratica e aiuta la persona a sapere come comportarsi in un ambiente sociale in cambiamento. Per questo motivo deve "appropriarsi" dei suoi ricordi per sapere come agire in ogni momento.

Dobbiamo tenere presente che una delle caratteristiche dell'Intelligenza Emotiva è quella dell'adeguatezza dell'espressione Emotiva nel contesto, e questo non può essere fatto se ciò che è stato appreso non viene applicato.

La memoria, spiega il processo di codifica, registrazione e recupero delle informazioni. Un processo in cui sia l'attenzione che l'emozione sono significativamente influenzate, la prima al momento della selezione delle informazioni, la registrazione o il recupero, e la seconda, l'emozione, influenzerà l'emotività, che sarà associata a un dato ricordo.

È molto difficile recuperare qualcosa che non è stato risolto, quindi le informazioni sono state elaborate come irrilevanti e non è stata formata alcuna traccia di memoria, le informazioni rimangono a breve termine, per poi essere sostituite da nuove informazioni in questione di secondi o minuti, seguendo il modello di Atkinson e Shiffrin, che separa il processo di memoria, nella memoria sensoriale, nella memoria a breve termine e nella memoria a lungo termine.

Ci sono più regioni coinvolte nella memoria, come l'ippocampo, il talamo, l'amigdala del lobo temporale, i corpi mammillari e persino il cervelletto.

Una maggiore densità neuronale e connessioni interneuronali delle aree frontali consentono un'elaborazione più rapida, il che aumenta l'efficienza della memoria di lavoro, coinvolta nel pensiero astratto e creativo.

Allo stesso modo, è stata stabilita la stretta relazione positiva tra la memoria di lavoro e il livello d'intelligenza, e ci sono persone che sono capaci di ricordare qualsiasi evento che hanno vissuto, come se fossero presenti, ciò che viene chiamato ipermnesia. In base a questo, sono state sviluppate una serie di tecniche, volte ad aiutare le persone a dimenticare eventi o dati vissuti irrilevanti, indebolendo così le tracce di memoria, fino a quando non scompaiono.

Una persona con uno scarso sviluppo dell'Intelligenza Emotiva agisce allo stesso modo, che si trovi in un funerale o in una festa, poiché non è in grado di "ricordare" come comportarsi emotivamente in ogni occasione. Per l'Intelligenza Emotiva è fondamentale l'addestramento attraverso il gioco di ruolo, in cui la persona è esposta a diverse circostanze fittizie, in modo che impari cosa ci si aspetta dal suo comportamento in ogni occasione e "memorizzi" la sua esperienza, per poterla mettere in pratica in una futura occasione.

La motivazione è il "motore" che giustifica l'inizio o il mantenimento un'attività, sviluppandosi nel mondo accademico, la scoperta e la curiosità di saperne di più, evitando i piccoli ambienti di arricchimento e prediligendo coloro che assumono un certo livello di difficoltà da superare.

Come contrappunto, la motivazione può trasformarsi in frustrazione, se l'ambiente in cui opera non è abbastanza ricco, o se non si impara a dosare le proprie possibilità con il corretto sviluppo della metacognizione, che consente d'impostare obiettivi realistici, ed essere guidati dai passi necessari, per essere in grado di raggiungerli, e tutto questo grazie alla motivazione che si sente ogni persona al fine di migliorare.

La motivazione è strettamente correlata all'Intelligenza Emotiva, poiché la persona si esibirà in un mondo emotivo, dovendo essere "guidata" da quest'impulso per lo sviluppo dell'Intelligenza Emotiva.

Conoscere le proprie emozioni, ciò che piace o non piace, dare la priorità e "dare una spinta", attraverso l'azione, può essere raggiunto grazie alla combinazione dell'Intelligenza Emotiva e della motivazione.

Su questo concetto ne sono stati sviluppati altri, come: il bisogno (deficit interno), l'impulso (intensità del comportamento motivato), la sazietà (riduzione della motivazione). Il comportamento motivato, è l'azione avviata dall'impulso, a causa di un bisogno, e quando viene raggiunta provoca sazietà e soddisfa detta necessità.

Per quanto riguarda i bisogni fisiologici, l'ipotalamo è responsabile della regolazione dell'assunzione di acqua e cibo, partecipa anche alla regolazione del sonno, all'aggressività e al comportamento sessuale, è da qui e grazie alle sue connessioni afferenti ed efferenti, che vengono gestiti questi bisogni, motivando l'azione fino alla sua sazietà.

Ogni condotta "soddisfacente" sia essa mangiare, bere, dormire o fare sesso, causerà una sensazione soggettiva di ricompensa, quando eseguita, diventa esaltatore di tali comportamenti e "motivatrice" della ripetizione, iniziando così un ciclo di motivazione-ricompensa, che è supportato neurologicamente, come è stato già scoperto nel 1954 da Olds e Milner. La responsabile è l'area tegmentale ventrale (VTA), che è collegata al nucleo pedunculo-pontino, alla stria terminale, all'amigdala, all'area setto laterale, alla corteccia prefrontale e all'ipotalamo laterale, essendo la dopamina, il neurotrasmettitore responsabile di questo circuito di piacere.

Inoltre, questo è il neurotrasmettitore coinvolto nell'asse cortico-striato-talamo-corticale, responsabile dell'impulsività. Pertanto, è stato osservato un aumento della dopamina e una riduzione della serotonina nei comportamenti di alta impulsività e aggressività. L'aumento della dopamina ridurrà l'inibizione e il controllo, e stimolerà il comportamento impulsivo.

Una persona senza un adeguato livello d'Intelligenza Emotiva, si mostrerebbe più istintiva, capricciosa e mutevole, in quanto crede in ciò che gli piace o di cui ha bisogno, sentendosi insoddisfatto pur avendo raggiunto il suo obiettivo. La formazione dell'Intelligenza Emotiva, permette di conoscere ciò di cui si ha bisogno, ciò che si vuole e ciò che si desidera, dando priorità secondo le proprie capacità, la possibilità di raggiungerlo nel breve o medio termine, e, infine, spinge verso la sua realizzazione, mantenendo e persistendo nella conduzione fino a quando non lo si raggiunge.

Uno dei segni di un corretto sviluppo dell'Intelligenza Emotiva è la capacità di comunicare agli altri le proprie emozioni, che è principalmente il linguaggio utilizzato, sia verbale che scritto, che può essere accompagnata dal linguaggio non verbale.

Lo sviluppo del linguaggio migliora progressivamente con la pratica, dalle prime sillabe pronunciate a circa 6 mesi, alle prime parole sui 11 o 12 mesi, fino a 18 mesi, quando sono gestite con facilità una dozzina di parole, formando frasi con un senso complesso. Da quella data, la pratica e soprattutto l'esposizione ad altre persone, arricchirà l'uso vocabolario e la raffinazione di raggiungere un livello "accettabile" che comunicano efficacemente con gli altri.

Per quanto riguarda le basi neurali del linguaggio, pur essendoci dei precedenti, con più o meno successi, la posizione delle funzioni "mentali" nel cervello, o più precisamente le protuberanze o le subsidenze del cranio, non è stato fatto fino al XIX secolo, quando Broca ha dato delle informazioni sulla localizzazione della funzione linguistica, nella svolta frontale interna sinistra, un'area che avrebbe ricevuto il suo nome fino ad oggi, nota come area di Broca.

Allo stesso tempo Wernicke, conferma i dati del substrato biologico del linguaggio negli emisferi cerebrali, aggiungendo una nuova posizione per la funzione di comprensione linguistica nel giro temporale superiore, a sinistra, una regione ora denominata area di Wernicke.

Per quanto riguarda la comunicazione attraverso il linguaggio Emotivo, queste viene appresa sviluppando il "linguaggio", essendo facilitato ad esempio dalla poesia.

Coloro che non hanno l'Intelligenza Emotiva

sufficientemente sviluppata hanno "difficoltà" ad esprimere i loro sentimenti, sia attraverso parole che azioni, e possono allenarsi per migliorare sia il vocabolario che per "trovare le parole appropriate" in qualsiasi momento.

Capitolo 3. L'Intelligenza Emotiva a scuola

Sebbene dal momento della nascita e anche prima, il bambino avrà emozioni, queste saranno fondamentali e molto vicine ai bisogni fisiologici.

A poco a poco e man mano che si acquisisce esperienza, sorgono emozioni secondarie, quelle che sono associate all'apprendimento, sebbene il piccolo ne sia a malapena consapevole.

L'Intelligenza Emotiva emerge come una competenza sociale, che si "corregge" man mano con la pratica, molto vicino ai valori e ai costumi del luogo in cui si sviluppa, ma nell'adolescenza, queste emozioni sono messe in discussione, a causa delle modifiche ormonali, fisiologiche e psicologiche.

Man mano che il corpo dell'adolescente cambia, cambiano anche le sue emozioni, dal momento che queste sono legate al modo di relazionarsi con se stessi e con gli altri, aspetti che non sono più stabili e saranno costanti nel tempo.

Il bambino inizierà ad essere trattato come un "adulto", chiedendogli di assumersi responsabilità e diritti, allo stesso modo e nella sfera sociale, la famiglia non è più il centro di riferimento, attraverso questa, agli amici, allo stesso tempo si cominciano a risvegliare alcuni "sentimenti" fino ad allora sconosciuti, legati all'innamoramento e alla sessualità.

Per quanto riguarda l'immagine di sè da e per lo sviluppo del pensiero, nel tempo, è soggetto a variazione, quindi, quello che un giorno andava bene, il giorno dopo può essere "detestabile" e cerca anche di capire e affrontare il nuovo mondo di emozioni che si gli si presentano, a cui si è particolarmente sensibile, a causa dell'aumento degli ormoni nel sangue.

In questo modo è facile che sorgano sentimenti, come per esempio, incertezza, delusione, confusione e insicurezza, non ha ancora stabilito una personalità che permette di "difendersi" adeguatamente alle richieste esterne.

Allo stesso modo, possono sorgere sentimenti di solitudine, pensando che "nessuno li capisca", un aspetto che potrebbe portare alla comparsa di una sintomatologia depressiva.

È in questo periodo in cui le emozioni si sentono più forti, quindi è "facile" trovare i giovani nelle manifestazioni e nelle proteste, anche se provocano atti violenti; ma anche nelle O.N.G. e nelle istituzioni altruistiche, con le quali si sentono identificati e investono tempo e impegno in essa.

Bisogna tener conto che è ancora in formazione, in aspetti come la scala dei valori personali, che porta a farsi coinvolgere in cose che, dopo alcuni anni, considerano semplicemente "accessorie". Si va affermando anche lo sviluppo morale, così che nell'adolescenza tutto ha una "giustificazione" se è per una "buona causa".

Qualcosa che può causare un comportamento in conflitto e addirittura asociale, semplicemente perché credono che lui/lei non ha scelto questo modello di convivenza, e non vuole "sottomettersi" socialmente, come si pensa facciano gli adulti.

Una miscela di ribellionc, ricerca dell'identità, esplorazione dei limiti della società, che si "mitiga" nel tempo, non appena lo sviluppo morale degli adolescenti avanza.

In questa fase di sviluppo, alcuni adolescenti sopravvalutano le loro possibilità e "si muovono" per motivi edonistici, cercando tutto ciò che produce piacere e soddisfazione; fuggono da tutto ciò che implica responsabilità o che può comportare uno sforzo.

In questa fase, non solo sarà cambiato il modo di vivere le emozioni, ma l'adolescente dovrà imparare ad esprimerle in modo appropriato e interpretare correttamente le emozioni degli altri.

È il periodo in cui è facile "sbagliarsi" con i "segnali" dell'altro sesso, poiché è un linguaggio che deve essere sviluppato e appreso poco a poco.

Uno sviluppo basato sull'apprendimento precedente, in cui i genitori che hanno dato una ricca formazione emotiva ai bambini, quando crescono, mostrano meno problemi di adattamento alla loro nuova condizione.

Dove ogni volta che si assumono nuove responsabilità, rispetto alla loro vita, alle loro emozioni e ai pensieri, lasciano il ruolo di "piccolo", che "gli si deve fare tutto", ruolo che fino ad ora era stato ricoperto.

Tuttavia, se questo è lo sviluppo "normale" degli adolescenti, a volte si devono affrontare situazioni di umiliazioni, soprusi e persino maltrattamenti all'interno della scuola, provenienti dai loro stessi compagni, come nel caso del bullismo.

I disturbi emotivi, essendo più comuni tra gli adolescenti, sono i disturbi d'ansia e di depressione, sebbene possano verificarsi anche delle fobie.

Nonostante quanto sopra, non sempre l'adolescente è "responsabile", dove i genitori che hanno subito una sorta di psicopatologia, hanno spesso molta paura che i loro figli possano passare quello che loro stessi hanno attraversato, che sia una malattia, una diagnosi o un trattamento.

Sebbene non tutte le malattie mentali abbiano un alto indice di ereditabilità, aumenta la percentuale di casi in cui un bambino possa presentare una psicopatologia, nel caso in cui uno dei genitori ne abbia sofferto.

Le cause, se non spiegate da una base genetica, vengono spiegate dall'ambiente, in questo caso, l'ambiente familiare in cui si sviluppa il bambino, che potrebbe essere stato "testimone" degli episodi acuti della malattia, di uno dei loro genitori, quello che avrebbe potuto essere il loro "modello". Anche il modo in cui una persona che soffre di una psicopatologia, potrebbe non essere il più appropriato e "sano" per il bambino, ognuno dei quali può generare il germe su cui costruire una futura psicopatologia, da parte del bambino, quando questo cresce.

Come è stato osservato, nel caso di genitori affetti da disturbi d'ansia o di depressione maggiore, si è verificato un aumento significativo della sofferenza di queste psicopatologie, da parte dei bambini. Cioè, i figli di genitori ansiosi, mostrano livelli più elevati di ansia, persino diventando patologici, e anche con uno stato depressivo, che diventa un disturbo maggiore della depressione, ma fino a che punto un genitore può notare la presenza della stessa sintomatologia nel bambino?

Questo è quello che hanno cercato di scoprire, un gruppo di ricercatori, per il quale hanno svolto uno studio, condotto dall'Università di Groningen, dal Centro Medico Universitario Leiden (Paesi Bassi) e dal Centro Medico Universitario VU (Amsterdam), pubblicato nel 2014 nella rivista scientifica BMC Psychology.

Nello stesso, hanno partecipato 25 genitori, che avevano sofferto di disturbi dell'umore unipolari o di ansia, con bambini tra gli 8 e i 18 anni. Tutti hanno subito un'intervista semi-strutturata su varie questioni, sul loro modo di educare e la salute psicologica dei loro figli.

I risultati informano che, sebbene i genitori considerino che offrono la stessa qualità nella cura e nell'attenzione dei loro figli, di qualsiasi altro genitore, sono più preoccupati della presenza o meno della sintomatologia che hanno sofferto, come parte della loro psicopatologia.

Quasi tutti i genitori concordano sul fatto che i loro figli dovrebbero ricevere cure specializzate, non appena compaiono i primi sintomi, sospettando che potrebbero soffrire della loro stessa malattia mentale, come misura preventiva e per evitare l'aggravamento.

Particolarmente controverso era il punto, sul fatto che avrebbero detto ai loro figli che loro stessi hanno sofferto di psicopatologia. Sebbene lo studio sia pionieristico, mette in evidenza le paure dei genitori, che hanno sofferto di una psicopatologia. Il piccolo numero dei partecipanti e la realizzazione di un'intervista semi-strutturata, non consentono conclusioni estrapolabili a questo riguardo. Nonostante ciò, dobbiamo riconoscere l'assenza di corsi orientati verso questo gruppo, che li aiuta nel loro compito di crescere i loro figli, in modo che sappiano come identificare correttamente i primi sintomi delle loro stesse malattie, e quindi mitigare la paura che hanno sulla salute psicologica dei loro figli.

Si deve tenere presente che ci sono molti aspetti che possono essere inclusi nell'Intelligenza Emotiva. In una società interessata da risultati individuali, a volte "voltiamo le spalle" allo sviluppo di uno di questi aspetti, la compassione.

La compassione è vista in molte culture come una "debolezza" dell'essere umano, ma se ci fermiamo a pensare, questo è esattamente ciò che ci distingue da molti animali.

Quando c'è una persona anziana, malata o disabile, la compassione è "attivata" in noi, e tendiamo ad offrire aiuto e protezione. Qualcosa che è già stato osservato dai nostri antenati, quando sono state trovate sepolture su persone con ossa fratturate, un segno che il gruppo ha partecipato e curato la persona ferita, il tempo sufficiente per farla guarire.

La compassione è anche ciò che ci spinge verso cause di solidarietà, quando accade un problema sociale o una catastrofe, e l'aiuto è ricevuto da veri estranei.

Un protettore contro le emozioni negative come l'ansia, la rabbia o la paura, incrementando l'amicizia e le relazioni sociali.

Un costrutto strettamente correlato all'empatia, alla capacità di comprendere le emozioni dell'altro e di immedesimarci nei loro panni, ma ugualmente, è presente nella nostra vita quotidiana, e possiamo usarlo in misura maggiore o minore in base al nostro sviluppo emotivo, ma chi sono più compassionevoli, gli uomini o le donne?

Questo è ciò che si è cercato di rispondere con una ricerca condotta dal Dipartimento di Comunicazione, Università della California (USA), i cui risultati sono stati pubblicati sulla rivista scientifica Journal of Happiness & Well-Being.

Lo studio ha coinvolto seicentotredici studenti universitari di età compresa tra i 18 ei 42 anni, di cui trecentodieci donne.

A tutti sono stati somministrati una serie di questionari standardizzati, per valutare il livello di Compassion Scale; per valutare il livello di stress personale quando si comunica è stato utilizzato il P.R.C.A.-24 (Personal Report of Communication Apprehension); per valutare il livello di nevroticismo, è stato utilizzato l'H.S.N.S. (Hypersensitive Narcissism Scale); e infine per valutare il livello di aggressività verbale, è stato utilizzato il Verbal Aggressiveness Scale.

Come principali fattori, i risultati mostrano differenze significative in base al genere in termini di compassione, i cui si trovano più alti nelle donne.

Sono state riscontrate differenze significative anche per quanto riguarda il livello di tensione nella comunicazione e l'uso dell'aggressività verbale, i cui si trovano in entrambi i casi maggiore negli uomini.

Infine, non sono state trovate differenze riguardo al narcisismo in base al sesso.

Come fattori d'interazione, si è constatato che il più compassionevole esibisca livelli più bassi di tensione nella comunicazione, aggressività verbale e narcisismo.

Uno dei limiti dello studio è quello di utilizzare solo valutazioni di tipo questionario, invece di altri di tipo osservativo o di giochi di ruolo, per valutare cosa succederebbe in una situazione reale.

Nello studio, non è stata presa in considerazione l'Intelligenza Emotiva, un fattore fondamentale per verificare lo sviluppo delle capacità relazionali interpersonali. Non è stato nemmeno valutato il livello di Alessitimia, legato alla capacità di percepire le emozioni negli altri e di dare una risposta adeguata.

Allo stesso modo, e come indicato dall'autore dello studio, la verifica delle differenze significative non è accompagnata da una teoria che spiega queste differenze, né le implicazioni che ciò comporta.

L'autrice indica anche che, per una nuova ricerca si analizzano i diversi tipi di compassione, in base alla vicinanza affettiva del destinatario dello stesso, oltre all'autocommiserazione.

Nonostante i limiti sopra esposti, ogni giorno

emergono nuovi studi che confermano le molte differenze tra uomini e donne, senza che ciò implichi un confronto tra "migliore-peggiore", né cercando di degradare nessuno dei due.

Detto questo, la coltivazione della compassione, attraverso lo sviluppo dell'Intelligenza Emotiva, causerà un comportamento verbale meno aggressivo e tensioni nella comunicazione.

Qualcosa che, lungi dal renderci più "deboli", ci permetterà di instaurare legami affettivi di amicizia più solida e duratura o intimi, mentre abbiamo una comunicazione più stretta e diretta, senza tensioni personali e senza la necessità di essere aggressivi nella comunicazione verbale.

Quando parliamo d'intelligenza di solito lo facciamo come qualcosa di statico nel tempo, qualcuno che è nato con un coefficiente intellettuale e questo lo accompagnerà per il resto della sua vita, nonostante i notevoli sforzi compiuti dalle istituzioni educative per aumentare il "livello" dei loro studenti, sperando di migliorare la loro intelligenza con l'educazione, ma il livello d'intelligenza si mantiene per tutta la vita?

Questo è ciò che si è cercato di dimostrare attraverso la ricerca sviluppata dall'Università Occidentale dell'Illinois e dall'Università Loyola Marymount (USA), i cui risultati sono stati pubblicati sulla rivista scientifica Journal of Intelligence.

I dati sono stati estratti da uno studio longitudinale multifattoriale proveniente dal Murray Research Archive, che ha analizzato i partecipanti per 30 anni, estraendo dati da centosettantasette partecipanti quando avevano 3-4 anni, 11, 18 e 32 anni.

Nel tempo, sono stati sottoposti tutti a una moltitudine di questionari standardizzati, ma per lo studio sono state utilizzate solo le informazioni relative a un questionario di elevate capacità chiamato Q-sort Methodology, e il C.C.Q. (California Child Q-Set) Item "High Intellectual Capacity"; lo sviluppo delle competenze accademiche è stato valutato attraverso il W.P.P.S.I. (Wechsler Preschool and Primary Scale of Intelligence). Inoltre, sono state prese in considerazione altre variabili, come il sesso, il livello socioeconomico e il livello di istruzione dei genitori.

I risultati mostrano una relazione significativa tra i livelli d'intelligenza iniziale e quelli sviluppati nel tempo, valutati in termini di rendimento scolastico.

Anche se lo studio è chiaro per quanto riguarda il potere predittivo d'intelligenza, non pesa il ruolo dell'istruzione sull'intelligenza e su come avere un livello maggiore o minore corrisponda l'istruzione o meno con maggiore intelligenza, che dovrebbe convalidare gli sforzi da parte delle istituzioni educative, o mettere in discussione se non vi è alcuna relazione tra livello d'istruzione e intelligenza.

Allo stesso modo, lo studio si concentra esclusivamente sull'intelligenza accademica, cioè sulla capacità di rispondere in modo adeguato alle richieste e alle esigenze accademiche in ciascuno dei livelli degli istituti d'istruzione, dimenticando l'approccio dimensionale che si crede si possa avere una prestazione accademica normale da una normale intelligenza in questo aspetto. Si deve poi evidenziare, che si può essere un genio anche in altri settori come il settore artistico, sociale... che non sono "utili", a fini delle istituzioni educative non vengono valutate o valorizzano tutto ciò di cui lo studente potrebbe aver bisogno, ma che dire dell'Intelligenza Emotiva?

Quando si pensa alle emozioni, non sembra che si possa parlare di qualcosa di statico, che cambi nel tempo, e anche a seconda della persona con cui si ha a che fare, ci si può sentire in un modo o nell'altro, e interpretare quello che si dice meglio o peggio secondo l'interlocutore.

Uno scherzo fatto da un amico è divertente, ma se è un estraneo a farlo, quelle stesse battute non avranno quell'effetto sull'umorismo. Inoltre, anche il passare del tempo cambia l'esperienza emotiva. Poiché si hanno più esperienze, questo permette di sapere come affrontare le situazioni emotive, sia positive che negative. Ciò significa che, sapendo come agire in queste circostanze, le emozioni che vengono generate influenzano meno, secondo quanto quello che si è creduto per molto tempo.

Parallelamente si sono sviluppati degli studi per analizzare l'influenza emotiva sulla salute, così come un'emozione "forte" o scioccante può causare squilibri temporanei nella persona, la quale con il tempo si recupera dall'"impressione". Tuttavia, questi studi si sono concentrati principalmente su emozioni positive, cercando di soddisfare, e quindi, migliorare le condizioni più favorevoli per le emozioni positive a una certa età, particolarmente sensibili a ciò che è noto come "terza età" inclusa la "quarta età" per i più longevi.

Dall'Università di Carnegie Mellon (USA) i cui risultati sono stati pubblicati sulla rivista Health Psychology, hanno cercato di studiare come i dispiaceri colpiscono gli anziani. Lo studio ha coinvolto seimila settecentodiciassette persone con più di 50 anni, provenienti da uno studio longitudinale precedente chiamato Health and Retirement Study, condotto tra il 2006 e il 2010.

A tutti loro sono stati somministrati diversi questionari standardizzati sulla loro salute; il numero e la gravità dei casi in cui hanno ricevuto dispiaceri, a seconda che provenissero dal loro partner, dai figli, altri parenti o amici; e il loro umore; oltre a tutte queste misure è stata presa la pressione sanguigna. I risultati sono stati confrontati con gli standard attesi in base alla loro età e alla condizione sociodemografica precedentemente stabilita. Sono stati esclusi dallo studio coloro che hanno mostrato ipertensione basale e quelli che hanno ricevuto farmaci per controllare la loro tensione.

I risultati indicano che, lungi dal proteggere l'età contro i dispiaceri, quando s'invecchia, si diventa un po' più sensibili alle emozioni negative, almeno questo è stato compreso dai ricercatori, che in 4 anni di studio hanno scoperto che il 29% dei partecipanti avevano sviluppato ipertensione, il 38% in relazione ad esperienze emotive negative. Questo rapporto si manifesta con maggiore intensità nelle donne tra i 50 e i 65 anni, e sono particolarmente sorprendenti quando i problemi provengono principalmente dalla famiglia e dalle amicizie.

Anche se i risultati sembrano chiari, c'è ancora un 62% dei casi di ipertensione non spiegata da emozioni negative da dispiaceri, lo stesso per le differenze femmine/maschi, sono state segnalate, ma la loro origine non è stata adeguatamente spiegata. Non si sa se si tratta di qualcosa di biologico, di un'esperienza di vita o di altri fattori che "proteggono" la tensione dell'uomo di fronte a questi dispiaceri, e che invece la donna viene colpita in modo così negativo da farle perdere la salute. I risultati, anche se possono presentare alcune limitazioni, sono chiari in quanto bisogna prendersi cura e occuparsi adeguatamente degli anziani, in quanto si turbano tanto quanto gli altri o di più, e quindi, visto che la loro salute può essere influenzata da questo, dobbiamo prestare particolare attenzione alle emozioni negative e ai dispiaceri che potrebbero provare.

Finora è stata trattata l'Intelligenza Emotiva, come la capacità che ci permette di svolgere correttamente con la gestione delle emozioni, sia positive che negative, che avrà un ruolo di primo piano nel nostro modo di sentire, di pensare e di agire.

Al contrario, coloro che hanno bassi livelli d'Intelligenza Emotiva, si distingueranno per gli alti livelli di Alessitimia, poiché secondo alcuni autori è un continuum.

È stato osservato come le persone con alti livelli di Alessitimia possono arrivare ad avere comportamenti anti-sociali, esponendosi a comportamenti a rischio per sé o per gli altri, in cui possono essere dimostrate le conseguenze sulla propria salute e anche sulla sicurezza personale.

Quando si pensa a comportamenti a rischio, di solito si pensa ai comportamenti più estremi, come la guida ad alta velocità, o il bungee jumping, ma anche rischiare per la salute sono comportamenti meno appariscenti, come il consumo eccessivo di tabacco, alcool o altri farmaci, ma qual è il ruolo dell'Intelligenza Emotiva nei comportamenti pericolosi?

Questo è esattamente ciò che è stato studiato dall'Università di Oviedo (Spagna) i cui risultati sono stati pubblicati sulla rivista Journal of Nursing Education.

Lo studio ha coinvolto duecentosettantacinque studenti della laurea infermieristica.

A tutti è stato somministrato il loro livello d'Intelligenza Emotiva utilizzando la scala standardizzata Schutte Emotional Intelligence Scale.

È stato valutato il comportamento pericoloso inteso come il consumo di tabacco, alcool, droghe illegali, oltre a svolgere una cattiva alimentazione, se erano o non in sovrappeso, se fossero persone sedentarie o no, il loro livello di esposizione solare e la pratica del sesso non protetto. Inoltre, sono stati raccolti dati sociodemografici e di soddisfazione sulla vita.

I risultati indicano che quegli studenti che avevano alti livelli d'Intelligenza Emotiva, mostrano meno comportamenti di consumo eccessivo di alcol, non seguono diete malsane e osservano pratiche sessuali protette.

Al contrario, quelli con livelli più bassi d'Intelligenza Emotiva, che corrisponderebbero a livelli più alti di Alessitimia, hanno mostrato comportamenti pericolosi, in termini di aumento del consumo di alcol, osservazione di una cattiva alimentazione e pratiche sessuali non protette.

Non si sono ottenute differenze significative nei comportamenti pericolosi, come il consumo di tabacco o di droghe illegali, il livello di sovrappeso, di vita sedentaria o il livello di esposizione al sole, a seconda del livello dell'intelligenza Emotiva.

Gli autori sottolineano i vantaggi di avere alti livelli d'Intelligenza Emotiva quando si gestisce correttamente la pressione di gruppo, l'elemento principale nei comportamenti, come il consumo di alcol.

Indicare che lo studio raccoglie solo informazioni sui comportamenti pericolosi attraverso l'auto-report, lascia aperta la possibilità di fenomeni come la desiderabilità sociale, quando si risponde, cioè si dice che è socialmente accettato, senza verificare se si verifica o no quel comportamento nella realtà.

Allo stesso modo, l'uso di una popolazione molto specifica, come gli studenti universitari non consente estrapolazioni su ciò che potrebbe accadere in altri giovani.

Nonostante le limitazioni di cui sopra, i risultati sembrano chiare per l'opportunità di educare i più giovani ad avere un'Intelligenza Emotiva sviluppata, e che questo servirà per prevenire comportamenti pericolosi in futuro.

52

Capitolo 4. I vantaggi dell'Intelligenza Emotiva

Il concetto d'Intelligenza Emotiva rappresenta una capacità che può essere sviluppata e migliorata. Lo sviluppo dell'Intelligenza Emotiva ci consente di avere un maggiore controllo delle nostre emozioni e migliorare i nostri rapporti sociali.

Non si tratta di controllare le emozioni nel senso di "reprimerle", ma di sapere quali sentimenti generano in noi una determinata situazione e come rispondere in modo appropriato in ogni momento.

Ma se c'è una fase critica in cui emergono le emozioni, in alcuni casi in forma "incontrollata", presentando una forma mutevole e instabile, è nell'adolescenza.

Fase particolarmente sensibile per un giovane che cerca di trovare la propria identità, in cui l'autostima si forma secondo il proprio giudizio e quello degli altri, mentre si ha a che fare con i cambiamenti ormonali e fisici che si verificano durante la fase di pubertà, ma si sa se l'Intelligenza Emotiva influenza la soddisfazione della vita?

Questo è ciò che si è cercato di rispondere attraverso uno studio sviluppato dal Dipartimento di Orientamento e Counseling, Facoltà di Scienze della Formazione, Università di Duzce, dal Dipartimento di Orientamento e Counseling, Facoltà di Scienze della Formazione, Università di

Necmettin Erbakan, e dal Dipartimento di Orientamento e Counseling, Facoltà di Scienze della Formazione, Università di Yildiz Technical (Turchia), i cui risultati sono stati pubblicati nella rivista scientifica Psychology.

Lo studio ha coinvolto trecentodiciannove studenti universitari di età compresa tra i 17 e i 21 anni, di cui il 68,3% erano donne.

A tutti loro è stato somministrato un metodo standardizzato per la valutazione del livello d'Intelligenza Emotiva attraverso Trait Emotional Intelligenge Questionnaire-S.F.; una scala standardizzata per valutare il livello di soddisfazione per la propria vita attraverso il Life Satisfaction Scale; e una scala per misurare il livello di autovalutazione tramite il Core-Self Evaluation Scale, scala che include la valutazione dell'autoconcetto, dell'autoefficacia, del locus di controllo interno e della stabilità emotiva (neuroticismo).

I risultati riportano una relazione significativa e positiva tra il livello dell'Intelligenza Emotiva e i livelli di soddisfazione della propria vita e l'autovalutazione.

Si deve tenere presente che tutti i test riguardano ciò che il partecipante conosce o pensa di se stesso, raccolto attraverso le auto-informazioni.

Per concludere, a questo proposito, è necessario incorporarne altri come il rendimento scolastico o quello che gli altri partecipanti pensano del partecipante come misure complementari.

Allo stesso modo, nonostante il gran numero di partecipanti, lo studio si è concentrato su una popolazione, gli studenti universitari turchi, che hanno alcune caratteristiche proprie delle loro coltura, il che rende difficile estrapolarle ad altre popolazioni; è per questo che è necessaria una nuova ricerca per poter concludere sui risultati trovati.

Nonostante i limiti dello studio, i loro autori hanno esplorato con successo i livelli di autovalutazione e di soddisfazione personale, come elementi determinati per un buon sviluppo dell'Intelligenza Emotiva.

Cioè, per sentirsi soddisfatti di ciò che si è e si fa, a livello dell'adolescenza dipenderà dal livello d'Intelligenza Emotiva che si ha.

Inoltre, avere un buon concetto di sè, un'adeguata autoefficacia sulle nostre proprie capacità, un locus di controllo interno adattato alle circostanze e una corretta stabilità emotiva, dipenderanno dal livello dell'Intelligenza Emotiva dei giovani studenti universitari.

Tutto ciò, rafforza l'idea della necessità di un intervento educativo a livello primario e secondario, in modo che l'apprendimento della gestione emotiva possa produrre effetti positivi per tutta la vita dello studente.

Quando si pensa alla scuola, si pensa che sia un luogo quasi esclusivamente dove gli studenti imparano e si formano senza grossi problemi, ma nel periodo adolescenziale, visto che si verificano i cambiamenti più importanti fisici e psicologici, la scuola può diventare un "problema".

La ricerca dell'identità personale o il senso di appartenenza a un gruppo, a volte diventa la cosa più importante per lo sviluppo dell'età giovanile.

Ma se c'è qualcosa che ha caratterizzato i centri educativi, è la loro capacità di valutare i livelli di sviluppo.

L'idea è quella di "forzare" lo studente a stare a passo con gli studi, e gli esami serviranno per sapere a che punto è, e se è in ritardo o no con il resto della classe.

Tuttavia, anche questa valutazione può diventare una fonte di stress, in quello che viene chiamata Ansia da Prova (dall'inglese, Test Anxiety), quindi si può applicare la P.N.L. a scuola?

Questo è ciò che si è cercato di scoprire attraverso la ricerca condotta dal Dipartimento di Comportamento Motorio e della Biomeccanica, Facoltà di Scienza dello Sport e Attività Fisica (Arabia Saudita), i cui risultati sono stati pubblicati sulla rivista International Journal of Behavioral Research & Psychology.

Lo studio ha incluso trenta studenti, tutti maschi, con

un'età media di 19 anni, la metà dei quali ricevono una formazione di controllo dello stress da P.N.L. e il resto, nessun gruppo di controllo.

Si sono allenati per 3 mesi nella tecnica di P.N.L. nel gruppo d'intervento in due sedute a settimana da 40 a 60 minuti ogni sessione.

È stato valutato il livello di ansia per la valutazione prima e dopo l'allenamento in entrambi i gruppi, utilizzando una scala di tipo Likert, con novantasei elementi.

Inoltre è stata registrata la pressione sanguigna e il numero di battiti al minuto per valutare in modo complementare i livelli di ansia.

I risultati mostrano differenze significative nella riduzione dello stress tra gli studenti che sono stati addestrati con P.N.L., il gruppo di controllo non mostra alcun cambiamento, sia nella valutazione soggettiva che oggettiva.

Uno dei limiti della ricerca, è che per lo studio sono stati selezionati solo i maschi, quindi non si può sapere se vi siano differenze di genere per quanto riguarda l'efficacia di P.N.L. nel ridurre i livelli di ansia degli studenti.

Allo stesso modo, la selezione della tecnica P.N.L. non è sufficientemente giustificata, poiché vi sono molte altre tecniche che potrebbero essere usate per raggiungere lo stesso obiettivo.

Nonostante le limitazioni discusse, sembra chiaro che

l'ansia può essere ridotta e controllata tra gli studenti, se vengono offerti strumenti adeguati.

Va tenuto presente che la scuola è il secondo posto dove i bambini trascorrono più tempo dopo la casa, quindi, sembra logico pensare che dovrebbe essere un luogo dove potevano sentirsi a proprio agio e non in tensione.

Questo è il motivo per cui le ricerche come questa servono a ricordarci come, con soli 3 mesi di formazione, si può aiutare lo studente nel tempo che rimane nel sistema educativo, offrendo un'esperienza positiva e piacevole.

Tutto grazie all'applicazione delle tecniche di gestione dello stress che aiutano a migliorare la loro Intelligenza Emotiva.

Capitolo 5. La resilienza a scuola

La resilienza è un'abilità che può essere appresa e sviluppata, e ha un ruolo fondamentale nel proteggere l'individuo, perché siamo tutti esposti a stress quotidiano, ma un corretto sviluppo della resilienza può aiutare a superare le difficoltà che sorgono, quindi è importante insegnarla ai bambini delle scuole.

Il boom degli anni '80 sulla Psicologia Emotiva, e in particolare il suo ramo più applicato dell'Intelligenza Emotiva, ha permesso lo sviluppo di un tale vocabolario specifico che a volte non abbiamo familiarità con esso, come ad esempio la Resilienza, che può essere intesa come l'insieme delle capacità e delle abilità personali disponibili dalla persona per affrontare le situazioni più difficili e uscirne vittoriosa.

Anche se alcuni l'hanno identificata con una qualità personale con cui si nasce, qualcosa come il carisma, considerando soprattutto che è qualcosa che si può allenare e migliorare, consentendo in tal modo di avere gli strumenti adeguati per superare la vita di tutti i giorni.

Qualcosa che vediamo essere fondamentale per qualsiasi lavoro o professione, ma da quale età è appropriato imparare a gestire se stessi aumentando la Resilienza?

Questo è precisamente ciò che ha cercato di risolvere

uno studio condotto dall'Università di Hong Kong (Hong Kong), i cui risultati sono stati pubblicati sulla rivista scientifica Journal of Health.

Lo studio ha coinvolto duecentocinquantasette studenti delle scuole superiori, l'86% dei quali tra i 16 ei 20 anni, il resto più di 20 anni.

A tutti sono stati dati una serie di questionari per accertare il loro livello di stress, se ci fossero sintomi fisici associati allo stress, presenza di depressione, livello di fiducia in se stessi, autostima e ottimismo da parte dello studente.

I risultati informano che circa la metà dei partecipanti ritiene di avere una buona capacità di recupero, insieme al livello di autostima e autocontrollo personale.

Per quanto riguarda la differenziazione di genere, nella metà dei partecipanti, che erano ragazze, sono stati trovati livelli più elevati di ansia e stress, con una minore percezione sociale tra i partecipanti.

Inoltre, sono stati analizzati gli studenti a seconda se appartenevano o no a famiglie monoparentali, presentandosi solo il 10% dei casi, notando che hanno mostrato livelli più bassi di resilienza e la stima di sè rispetto al resto dei suoi compagni di squadra.

I dati sono molto meno preoccupanti, perché la metà degli studenti ha bassa resilienza, quindi possono essere addestrati, e questo risulta molto utile, sia per aumentare l'autostima che il rendimento scolastico, così come gli autori citano, una scarsa resilienza può portare a problemi di sonno, associati all'ansia e ad altri sintomi psicosomatici.

Lo studio ci ricorda che siamo scarsi nella formazione, e come il centro educativo si preoccupi di fare praticare sport, perché si stanno sviluppando fisicamente. Sarebbe auspicabile istituire programmi di formazione di resilienza, migliorando in tal modo la loro Intelligenza Emotiva, e quindi renderli più competenti quando si tratta di far fronte allo stress e all'ansia. Questo sembra interessare di più le ragazze che i ragazzi, qualcosa che nonostante sia stato trovato in studi precedenti, non sembra ancora sufficientemente spiegato.

In una fase critica dello sviluppo, in cui i cambiamenti sono continui, il divorzio o la separazione dei genitori può essere un fattore di stress importante.

Aspetto che alcuni autori hanno descritto che sarà accompagnato da sintomi, come la tristezza, la paura, l'ansia, il senso di abbandono, la rabbia e il desiderio di riconciliazione da parte dei genitori. Tutto ciò si rifletterà in un calo delle prestazioni scolastiche, fino ad arrivare a "perdere" l'interesse nelle attività accademiche, che porterà ad un senso d'infelicità.

Qualcosa che non fa altro che ostacolare il passaggio

complicato del divorzio, ciascun genitore andrà a vivere in modo indipendente, e al giovane tocca andare a visitarli ad ognuno di essi, in alcuni casi settimanalmente, a seconda della visita che hanno concordato, o come stabilito nella sentenza, prima dell'impossibilità di un accordo.

Una situazione di adulti che, anche se "pacifica", ha conseguenze sulla salute fisica e psicologica degli adolescenti. Ma quando questa situazione si verifica anche in modo "non-pacifica" avrà grandi conseguenze, facendo sì che il giovane diventi alcuni casi un "intermediario", al tempo stesso vittima dei sentimenti negativi tra i genitori, e tutto questo, non per colpa della provenienza o dello sviluppo della situazione del divorzio.

Tuttavia, questi sintomi descritti sopra e la conseguente infelicità, non si verifica in tutti i casi, in quanto influenzerà anche la maturità dell'adolescente, il grado di conflitto familiare, e anche l'assenza in precedenza estesa a uno dei genitori che divorzia, ma giocano anche i fattori della personalità del giovane, come la resilienza che aiuta a proteggerlo dallo stress causato da questa situazione, ma il divorzio dei genitori come colpisce gli adolescenti?

Questo è esattamente ciò che viene studiato dall'Università di Bolu Atatürk e dall'Università di Abant Izzet Baysal (Turchia), i cui risultati sono stati pubblicati sulla rivista scientifica Psychology.

Allo studio hanno partecipato centoquarantaquattro adolescenti, di cui settantacinque erano ragazze.

A tutti loro sono state date tre scale standardizzate: una scala per valutare la sensazione di solitudine e di abbandono, Loneliness Scale; una scala per il senso di felicità, Life Satisfaction Scale; e una scala per valutare il livello di resilienza, chiamata Adolescents Resilience Scale.

I risultati riportano una relazione significativamente negativa tra il sentimento di felicità e quello di solitudine; relazione significativamente negativa tra resilienza e solitudine; e una relazione significativamente positiva tra sentimento di felicità e resilienza.

Si è notato che, l'emergere della solitudine si verifica solo a bassi livelli di senso di felicità e capacità di recupero, quindi, il senso di solitudine si può considerare come un indicatore di futuri problemi connessi con il divorzio, è necessario considerare, valutare e provare prima che causino più problemi negli adolescenti.

Nonostante la chiarezza dei dati, la ricerca soffre di un gruppo di controllo con cui stabilire se i livelli di solitudine, la felicità e la capacità di recupero sono più alti o più bassi di quelli della popolazione dei giovani i cui genitori non erano divorziati.

Se c'è qualcosa da sottolineare nello studio, è che esso mette in evidenza l'importanza di coltivare tali fattori importanti, come la sensazione di felicità o di resilienza per evitare la tristezza e il senso di abbandono negli adolescenti i cui genitori sono divorziati.

Come vediamo, la resilienza, come parte dell'Intelligenza Emotiva è essenziale per superare le situazioni della vita quotidiana, ma anche quelle che possono arrivare a "marcare" l'adolescente così come il divorzio dei genitori.

Capitolo 6. Intervenire nell'Intelligenza Emotiva

Va tenuto presente che si sta parlando di emozione, che può essere definita come un cambiamento di umore, più o meno passeggero, che può essere piacevole o spiacevole (chiamata valenza) e provoca alterazioni nella cognizione e nell'organismo, a seconda che sia più o meno intenso (chiamato eccitazione).

Esistono varie classificazioni sulle emozioni, che possono essere suddivise tra: emozioni innate o primarie (paura, gioia, tristezza, sorpresa, disgusto o rabbia) ed emozioni apprese o secondarie (senso di colpa, orgoglio, vergogna, gelosia o invidia). Rispetto alla funzione dell'emozione, si possono dividere in: adattivi (rispondono all'ambiente), sociali (promuovono le relazioni sociali) e motivazionali (facilitano il raggiungimento degli obiettivi).

Le emozioni hanno un proprio percorso di trasformazione attraverso l'amigdala, che analizza rapidamente le informazioni, per fornire risposte di adattamento, se necessario, prima che la neocorteccia diventi "consapevole" della situazione.

Da notare, inoltre, che le emozioni soddisfano una serie di funzioni come:

- La funzione adattativa, dove l'emozione permette d'interpretare la natura degli stimoli come piacevoli o spiacevoli (valenza), di preparare il corpo a rispondere quando si tratta di qualcosa di sgradevole, che può costituire una minaccia per l'individuo. Tuttavia, gli stimoli di valenza positivi genereranno gli effetti opposti, motivando l'azione di avvicinamento a detto stimolo. Data l'incertezza sulla valenza dello stimolo, il cervello umano di solito reagisce come se fosse un pericolo, poiché non è in grado di discernere se rappresenta o meno una minaccia.

- La funzione sociale, poiché l'uomo è un "animale sociale", le emozioni avranno un ruolo definitivo nel modo in cui questo si svolge con gli altri, perché deve sapere, capire, analizzare e interpretare bene le sue emozioni, come imparare ad esprimerli agli altri come parte della comunicazione, che enfatizzerà e qualificherà il messaggio verbale. Allo stesso modo, l'emozione dell'altro dovrà essere analizzata e interpretata correttamente, nel contesto del messaggio. E tutto questo per promuovere la comunicazione senza generare incomprensioni o errori d'interpretazione.

- La funzione motivazionale, dove l'emozione incita e inizia l'azione, orientandola verso la sua destinazione, influenzando anche l'intensità della risposta. Così un'emozione con una bassa eccitazione, causerà una scarsa reazione; al contrario, quando emozione avrà un'alta eccitazione provocherà una risposta di grande intensità, come lo shock causato da un gran rumore inaspettato. Per quanto riguarda la direzione promossa dalle emozioni, questo può essere in prossimità o lontano dallo stimolo, per esempio, i nostri antenati prima di un potenziale pericolo di stimolo potevano sfuggire, attaccare o stare fermi, nella speranza di passare il pericolo "senza essere visti".

Pertanto, l'Intelligenza Emotiva assumerebbe quei ruoli, e quelli che l'hanno sviluppata la conseguiranno, mentre coloro che non l'hanno sviluppata, produrranno un calo in una o più di queste funzioni.

Le persone con alti livelli d'Intelligenza Emotiva, saranno più abili nello svolgere le funzioni emotive e in grado d'interpretare la valenza degli stimoli (funzione adattiva) più rapidi e precisi. Saranno in grado anche di conoscere e interpretare le loro emozioni e quelle degli altri (funzione sociale), provare grandi impulsi per ottenere ciò che è piacevole (funzione motivazionale), avere la "voglia" e l'impegno di perseverare per raggiungerlo, se si tratta di uno stimolo di eccitazione alto.

Invece le persone con poco sviluppo emotivo, avranno difficoltà a distinguere tra ciò che è piacevole o spiacevole, e anche qualcosa che li possa mettere in pericolo (la disfunzione adattiva). Inoltre, essi, non sanno "per certo" che cosa o come si sentono, o non possono interpretare correttamente le emozioni degli altri, che li porterà ad essere incompetenti sociali, portandoli a preferire l'isolamento e la solitudine a causa della loro incapacità di esprimere convenientemente le loro emozioni (disfunzione sociale). Inoltre, non saranno in grado di misurare lo sforzo richiesto per raggiungere gli stimoli a seconda della loro eccitazione, che può portare alla "stanchezza" troppo velocemente, e quindi, a non ottenere gli obiettivi proposti, o a coinvolgere più risorse in un obiettivo che non lo "merita", causando uno spreco e l'esaurimento delle risorse (disfunzione motivazionale).

Il caso estremo di queste disfunzioni sarebbe nelle persone con alessitimia, che Goleman chiamò "analfabeti emotivi", un aspetto che si è osservato colpire un uomo su dieci, e che spiega la mancanza di sviluppo dell'intelligenza Emotiva, dove una persona si gestisce "come può" in un mondo emotivo, che non capisce o "gestisce" correttamente. Senza sapere cosa si prova, cosa provano gli altri o come esprimersi adeguatamente a livello emotivo.

Ci sono tre obiettivi generali sull'educazione emotiva in aula, il primo finalizzato a conoscere le proprie emozioni, il secondo ad imparare ad esprimere quelle emozioni in modo appropriato e il terzo ad interpretare le emozioni degli altri.

a) Rispetto al primo obiettivo, in aula, si possono svolgere esercizi come:

- Spiegare ognuna delle emozioni

- Esprimere ogni emozione

- Differenziare le emozioni in base all'attività che generano

- Esercitare le emozioni di alta attivazione guardando i video

- Esercitare le emozioni di bassa attivazione guardando i video

- Effettuare la condivisione delle sensazioni percepite dopo ogni visione

b) Rispetto all'espressione Emotiva in classe:

- Esporre i diversi tipi di espressione emotiva

- Commentare le conseguenze della rabbia e dell'aggressività nel corpo

- Spiegare e identificare la sintomatologia depressiva negli studenti

- Esercitare l'espressione dei sentimenti in modo controllato

- Esercitare il controllo delle emozioni di rabbia o violenza in classe

c) Per quanto riguarda l'interpretazione corretta delle emozioni degli altri, gli esercizi sarebbero:

- Spiegare le emozioni nell'altro, così come il linguaggio del corpo e i gesti che lo accompagnano

- Osservare e interpretare le emozioni di alta attività

nell'altro, attraverso una visione

- Osservare e interpretare le emozioni di bassa attività nell'altro, attraverso una visione

- Eseguire esercizi a coppie, dove si seleziona un'emozione e la si esprime, affinché l'altro la indovini

- Eseguire esercizi con un minimo di tre studenti, in cui ognuno svolgerà un ruolo emotivo diverso nello stesso evento

- Condivisione di emozioni osservate ed espresse in coppie o mini gruppi.

Per illustrare queste messe in pratica, trascrivo l'intervista che ho fatto al Governo delle Isole Canarie (Spagna), sull'iniziativa per l'inclusione nel curriculum dell'Educazione Primaria del corso Educazione Emotiva e per la Creatività.

- Qual è la relazione tra Educazione Emotiva e Creatività?

Molta. La creatività ha un'alta componente emotiva, nel senso che si identifica con ciò che "creiamo" e il bisogno di "emozionarsi creando". Viceversa, il nostro modo di relazionarci con gli altri e noi stessi, è un modo di esprimere la nostra originalità davanti al mondo.

- Perché metterlo in atto nel curriculum dell'Educazione Primaria?

Tutti gli studi scientifici che sono stati fatti sull'educazione delle emozioni, consigliano di iniziare il prima possibile. Nelle Isole Canarie, le emozioni hanno già una lunga tradizione di lavoro nella fase della Scuola Materna (il curriculum di questa fase riconosce esplicitamente la necessità di affrontare il mondo delle emozioni, i sentimenti e le emozioni dei più piccoli). Nell'Educazione Primaria, è stato più presente in termini di programmi e azioni isolati dagli insegnanti, ma ha visto la necessità di attuarlo in modo curriculare per soddisfare le richieste degli studenti e degli insegnanti.

- Quali sono i benefici attesi dall'attuazione di questo argomento?

Studenti più felici, che sappiano identificare e regolare le loro emozioni e sviluppare tutto il loro potenziale creativo.

- Questa iniziativa è basata su altre precedenti?

Sebbene ci siano state molte esperienze basate su programmi educativi, è la prima volta (a livello nazionale e internazionale) che viene incluso in un programma ufficiale come un'area con una propria entità.

- Chi è la persona che insegnerà questa iniziativa e in che modo si riferisce alla psicologia?

Si suggerisce che sia il tutor, ma può anche essere insegnato da una persona con un profilo adeguato.

- Come sarà valutata l'efficacia dell'iniziativa? È prevista una valutazione a medio o a lungo termine?

Durante il corso, viene eseguita una valutazione del processo qualitativo per osservare il grado d'implementazione dell'area.

- Si è pensato d'incorporare questo argomento in epoche più conflittuali, come in quelle dello stadio dell'adolescenza?

Sarebbe conveniente includerlo nelle fasi successive, questa possibilità è in fase di studio.

Capitolo 7. L'Intelligenza Emotiva e la felicità

Il concetto d'Intelligenza Emotiva rappresenta una capacità che si può sviluppare e potenziare. Il suo sviluppo ci consente di avere un maggiore controllo delle nostre emozioni e migliorare i nostri rapporti sociali.

Non si tratta di controllare le emozioni nel senso di "reprimerle", ma di sapere quali sentimenti generano una certa situazione e come rispondere in modo appropriato in ogni momento. Alcuni autori hanno assimilato la mancanza d'Intelligenza Emotiva come conseguenza di livelli alti di alessitimia.

I bassi livelli d'Intelligenza Emotiva sono stati collegati alla labilità emotiva e alla vulnerabilità a disturbi emotivi, come disturbi d'ansia o di depressione.

Tuttavia, c'è una fase critica, che è l'adolescenza, quando, in alcuni casi, le emozioni emergono in modo "incontrollato", presentandosi in un modo mutevole e instabile.

Palcoscenico particolarmente sensibile per il giovane, che cerca di trovare la propria identità, dove l'autostima si forma secondo i propri valori e quello degli altri, mentre si occupa dei cambiamenti ormonali e fisici, che avverranno durante la pubertà, ma sai che l'Intelligenza Emotiva influisce sulla soddisfazione nella vita?

Questo è ciò che si è cercato di rispondere con uno studio condotto dal Dipartimento di Orientamento e Consulenza, Facoltà di Scienze della Formazione presso l'Università di Duzce, insieme con il Dipartimento di Orientamento e Consulenza, Facoltà di Scienze della Formazione a Necmettin, Università di Erbakan, e dal Dipartimento di Orientamento e Consulenza della Facoltà di Scienze della Formazione, Università Tecnica di Yildiz (Turchia), i cui risultati sono stati pubblicati nel 2016 sulla rivista scientifica Psychology.

Lo studio ha coinvolto trecentodiciannove studenti universitari, di cui il 68,3% erano donne, di età compresa tra i 17 e i 21 anni.

A tutti loro sono stati dati dei questionari standardizzati per la valutazione del livello dell'Intelligenza Emotiva attraverso Trait Emotional Intelligence Questionnaire-SF; una scala standardizzata per valutare il livello di soddisfazione della propria vita attraverso la Life Satisfaction Scale; e una scala per misurare il livello di autovalutazione tramite il Core-Self Evaluation Scale, scala che include sia il concetto di autovalutazione, di autoefficacia, il locus di controllo interno e la stabilità emotiva (neuroticismo).

I risultati riportano una relazione significativa e positiva tra il livello d'Intelligenza Emotiva e i livelli di soddisfazione, con la propria vita e l'autovalutazione.

Gli autori hanno esplorato con successo i livelli di autovalutazione e soddisfazione personale come elementi determinati da un buon sviluppo dell'Intelligenza Emotiva. Cioè, per sentirsi soddisfatti, con ciò che si è e si fa, a livello dell'adolescenza, dipenderà dal livello d'Intelligenza Emotiva che si ha.

Inoltre, avere un buon concetto di sé, un'adeguata autoefficacia sulle nostre capacità, un locus di controllo interno adattato alle circostanze e la corretta stabilità emotiva dipenderà dal livello d'Intelligenza Emotiva dei giovani studenti universitari.

Tuttavia, la ricerca della felicità ha caratterizzato la società occidentale, specialmente nell'ultimo decennio.

A questo proposito sono stati scritti centinaia di manuali di auto-aiuto, cercando d'insegnare il raggiungimento della felicità personale.

Sebbene ogni autore lo abbia definito in modo diverso e abbia stabilito un percorso diverso per raggiungerla, sembra che tutti siano concordi sul fatto che la felicità sia un'esigenza sociale alla quale dobbiamo rispondere.

Sembra che tutti noi dovremmo raggiungere la felicità, come se fosse una norma sociale, chi non vorrebbe essere felice? Non è sufficiente avere un lavoro, una casa o una macchina, ma non raggiungere la felicità può portare alla depressione?

Questo è esattamente ciò che si è cercato di scoprire dalla Facoltà di Psicologia dell'Università del Nuovo Galles del Sud e dall'Università Cattolica Australiana Australia), insieme al Dipartimento di Psicologia, Università di Lovanio (Belgio), i cui risultati sono stati pubblicati nella rivista scientifica Social Psychological and Personality Science.

Lo studio ha coinvolto duecento studenti universitari belgi di età compresa tra i 17 e i 24, di cui centodieci erano donne, provenienti da un campione di seicento ottantasei volontari, tutti hanno ricevuto un compenso in denaro per la partecipazione.

Sono state valutate le aspettative sociali, in particolare per quanto riguarda le emozioni negative, come la solitudine, la depressione, la tristezza o l'ansia. È stata misurata la presenza di una sintomatologia depressiva utilizzando la scala standardizzata denominata C.E.S.-D. (Center for Epidemiological Studies Depression). Allo stesso modo, è stato valutato il loro livello di solitudine percepito, utilizzando l'U.C.L.A. (University of California Loneliness).

Tutti i partecipanti hanno attraversato una situazione in cui sono stati manipolati emotivamente, facendo sentire lo studente meglio o peggio con se stesso.

I risultati mostrano che, quegli studenti che hanno aspettative sociali più elevate per raggiungere la felicità sono quelli che soffrono peggio non raggiungendolo, causando sentimenti di solitudine e depressione in loro.

D'altra parte, gli studenti che avevano basse aspettative sociali riguardo alla possibilità di raggiungere la felicità, si dimostrarono i più tolleranti nel non raggiungerla, non presentando sentimenti di solitudine e depressione in forma esagerata.

Tuttavia, gli autori dello studio indicano che i risultati precedenti potrebbero essere diversi in altri luoghi, come nel caso della civiltà orientale, dove i valori e le norme sociali cambiano. Nonostante sia stato sottolineato, non sono state fatte ricerche al riguardo.

Tra i limiti dello studio, si noti che si tratta di un ambiente sperimentale, lontano dalla validità ecologica, quindi servono nuove ricerche per verificare se i dati si mantengono nella vita quotidiana dei partecipanti.

Il problema è, ovviamente, che non si può e non si deve manipolare la vita del partecipante per renderlo efficace o fallimentare, per vedere se è correlato o meno alle aspettative sociali.

Nonostante tutto, i risultati della ricerca dovrebbero far riflettere sulle esigenze sociali, e come a volte invece di facilitare la strada, si ostacola, per chiedere di più di quello che la persona può ottenere, rendendolo un "fallito sociale ", che la porta a sentimenti negativi che possono portare alla depressione.

Una variabile importante e fondamentale, al momento di relazionare esperienze vitali con le emozioni è l'Intelligenza Emotiva, un aspetto che non è stato valutato in questo studio.

Un adeguato allenamento durante l'infanzia nell'Intelligenza Emotiva, permetterà alla persona di avere gli strumenti necessari per affrontare la frustrazione che fa sì che non sia in grado di raggiungere le aspettative sociali di felicità, quando non vengono raggiunte.

Capitolo 8. L'Intelligenza Emotiva e le molestie scolastiche

Sono molti i problemi emotivi che possono sorgere in classe, dalle gelosie, alle incomprensioni, alle lotte, i quali possono rompere il normale sviluppo della classe. Forse le molestie sono l'evento più grave che causa conseguenze importanti, sia per il presente che per il futuro dello studente che ne soffre.

Le molestie scolastiche o Bullismo è una delle più grandi preoccupazioni degli educatori e degli psicologi, che cercano di evitare i loro effetti sui bambini che soffrono, ma è possibile evitare gli effetti nocivi del bullismo con un intervento nella Teoria della Mente degli studenti?

Immaginate di alzarvi dal letto un giorno e vostra madre vi dice che dovete andare a scuola, dove si sa che ci sono ragazzi che vi molestano, v'insultano e vi colpiscono durante la ricreazione, andreste a lezione?

Questa è una realtà che devono affrontare ogni volta i più piccoli nelle scuole, e la soluzione? Al momento non si conosce una soluzione, perché in tal caso, si "esporterebbe" rapidamente in altri centri del sistema educativo, e allevierebbe una realtà che si è dimostrata lasciare un'"impronta" nel bambino che ne subirà le conseguenze anche in età adulta.

Non si tratta più solo di lividi, contusioni o altre lesioni "minori" che lo studente può subire, ma i più gravi sono proprio quelli che non si vedono, a livello psicologico, perché comprometterà la loro autostima in una fase critica della formazione della sua personalità, che determinerà in buona parte come si relazionerà in futuro con gli altri. Una situazione così stressante, che può essere all'origine anche di malattie psicosomatiche, così come i tentativi di suicidio nei casi più drammatici.

Per rispondere a questa situazione ci sono stati diversi tentativi, sia da un intervento diretto sui bambini molestati, che sugli stalker, sui "maestri" affinché questi che rilevino situazioni di bullismo in classe, o anche che essi siano quelli che "li fermino", aumentando, tramite quest'autorità, le conseguenze di un comportamento inappropriato in classe, includendo i colloqui volti a rendere consapevoli i genitori, in modo che sappiano comprendere quando il piccolo dà segni che "qualcosa non va bene" in classe. Tutti questi interventi hanno avuto risultati contrastanti, ma come indicato all'inizio è stata trovata una formula adeguata per "abbattere" questo problema crescente.

Uno studio congiunto dell'Università degli Studi di Milano-Bicocca (Italia) e dell'Università di Manitoba (Canada), i cui risultati sono stati pubblicati nel Journal of Experimental Child Psychology, affronta questo problema da una prospettiva diversa.

Gli autori dello studio capiscono che quando "è troppo tardi" per le molestie scolastiche o il bullismo, riescono ad intuire che è meglio focalizzarsi sulle prime fasi della formazione per lavorare in modo che queste situazioni non si verifichino, cioè, la loro "cura " consiste nel prevenirlo.

La ricerca ha incluso centodieci partecipanti di età compresa tra i 6 e i 7 anni, di cui la metà erano ragazze.

I partecipanti sono stati assegnati in modo casuale a uno dei due gruppi sperimentali, ad entrambi i gruppi è stato chiesto di leggere una serie di testi di situazioni emotive per 2 mesi. Al primo gruppo è stato chiesto di commentare i testi apertamente circa la natura, le cause e le regolazione delle emozioni; mentre al secondo è stato chiesto di rappresentarlo con dei disegni.

I risultati mostrano che il primo gruppo ha aumentato la loro comprensione delle emozioni, la Teoria della Mente (mettersi nei panni dell'altro), così come l'empatia, valutata dopo la fase di formazione, i risultati sono rimasti anche dopo 6 mesi.

Anche se non è stato valutato l'impatto sulla futura apparizione delle molestie scolastiche o di bullismo, gli autori sperano in una migliore comprensione delle proprie emozioni e dell'empatia, è "sufficiente" per prevenire situazioni di molestie in futuro, critico da parte di altri autori, poiché una mancanza di empatia e controllo degli impulsi sarebbe alla base del comportamento distruttivo da parte del piccolo stalker.

Un tentativo di alleviare gli effetti "devastanti" del bullismo prima che nasca da una prospettiva di formazione durante l'infanzia, un modello che si è scoperto "esportabile" in altri luoghi, sarebbe bene per i piccoli, dal momento che "garantirebbe" una migliore performance sociale, senza arrivare a situazioni di molestie.

Sebbene, come indicano gli stessi autori, ci siano molte limitazioni, oltre a non essere un modello implementato in tutte le scuole, c'è sempre il rischio di avere studenti provenienti da altri centri che non hanno ricevuto questa istruzione precedente, ed è più "esposto" a diventare uno stalker.

A questo proposito trascrivo l'intervista che ho fatto alla dottoressa Noelia Carbonell Bernal che ha sviluppato la sua tesi su questo argomento:

- Qual è l'incidenza del bullismo nelle scuole?

In Spagna si stima che questa incidenza oscilli tra il 15 e il 20%

- Il bullismo può essere prevenuto nelle scuole?

Può e deve, ma è necessario coinvolgere e

sensibilizzare tutti gli agenti coinvolti, specialmente studenti ed insegnanti

- Perché l'Intelligenza Emotiva è importante nel caso del bullismo nelle scuole?

L'Intelligenza Emotiva è molto importante, include aspetti importanti come l'empatia, che è la capacità di metterci nei panni dell'altro, e l'assertività, che è la capacità che abbiamo di far rispettare i nostri diritti di modo efficace e senza danneggiare gli altri. Con l'apprendimento di queste competenze con importanti aspetti come l'autocontrollo, i soggetti sono stati coinvolti nella dinamica del bullismo, osservatori, aggressori e vittime, i quali possono risolvere i loro problemi in modo emotivamente intelligente ed evitare l'aggressione, sia fisica che verbale.

Anche così, e più in generale, possiamo affermare che gli studenti che hanno realizzato il nostro programma, valutano positivamente le attività che sono state svolte durante il programma

- Quali sono le caratteristiche dell'attuazione di un programma dell'Intelligenza Emotiva nel caso del bullismo nelle scuole?

Il programma CIE (dallo spagnolo, Convivencia e Inteligencia Emocional) è divisa in 5 sessioni in cui lo studente spiega ciascuna delle componenti dell'Intelligenza Emotiva, prima di passare a lavorare con loro sul piano pratico, attraverso una serie di 2 o 3 compiti da svolgere durante ogni sessione, attraverso gli esercizi proposti.

I 5 moduli in cui è suddiviso il programma CIE ha lo scopo di fornire agli studenti strategie che aumentino i precedenti livelli d'Intelligenza Emotiva e al fine di prevenire e/o intervenire in situazioni di molestie rilevate, sia all'interno che all'esterno del centro scolastico.

L'obiettivo finale del programma è la prevenzione delle situazioni di violenza scolastica rilevate nel centro e che queste situazioni di aggressione, che sono state rilevate, diminuiscono a partire dalla prima ESO (Educazione Secondaria Obbligatoria), come abbiamo spiegato, con l'apprendimento dell'uso corretto degli elementi che fanno parte dell'Intelligenza Emotiva.

- Quanto è efficace un programma d'Intelligenza Emotiva nel caso del Bullismo nelle scuole?

Il programma ha raggiunto una diminuzione della percentuale dei partecipanti a questi comportamenti di molestie, aggressori e vittime

- Da quale età è conveniente implementare programmi d'Intelligenza Emotiva per prevenire il bullismo nelle scuole?

Il programma di intervento CIE è stato progettato per essere applicato alla popolazione adolescenziale, sebbene molte delle sue attività, se adattate, possano essere applicate ad altri profili di età, al di sopra o al di sotto della suddetta fascia di età.

Il programma CIE è destinato principalmente agli studenti di 1 ° e 2 ° ESO, dal momento che in questi corsi inizia l'istruzione secondaria, è dove vi è la più alta incidenza di violenza tra gli scolari. Per questo motivo, questo programma di miglioramento della convivenza verrà applicato a questi corsi.

Conclusioni

Questo libro mira alla necessità di prendersi cura delle emozioni nelle scuole, per questo dobbiamo sapere quali sono i principali problemi incontrati e come risolverli.

L'Intelligenza Emotiva si è dimostrata essere uno strumento utile per evitare che molti di questi problemi si presentino negli studenti. Da qui l'importanza di conoscere i loro benefici, ma soprattutto sapere come eseguire l'intervento in aula per migliorarla.

Juan Moisés de la Serna

Ha conseguito un dottorato di ricerca in Psicologia, Master in Neuroscienze e Biologia del Comportamento, e specialista in Ipnosi Clinica, riconosciuto dall'International Biographical Centre (Cambridge - UK), come uno dei cento migliori professionisti della salute nel mondo in via di sviluppo del 2010. Insegna presso diverse università nazionali e internazionali.

Divulgatore scientifico con partecipazione a congressi, conferenze e seminari, collaboratore in vari giornali, media digitali e programmi radiofonici, autore del blog "Cattedra Aperta di Psicologia e Neuroscienze" e di diciassette libri su vari argomenti.

Attualmente sta lavorando alla ricerca nel campo dei Big Data applicata alla salute, per la quale lavora con dati provenienti, per esempio, dall'India, USA o Canada; lavoro complementare al consiglio di Startup tecnologiche orientate alla psicologia e al benessere personale.

www.ingramcontent.com/pod-product-compliance
Lightning Source LLC
Chambersburg PA
CBHW051909250726
48659CB00002B/551